Doull 1er de 9bre 1895

Aug. L. Boisse grandbel

L'HIVER,
COMEDIE

Représentée pour la première fois par les Comédiens Italiens ordinaires du Roy, le 19. Février 1733.

Par Mr. D'ALLAINVAL.

A PARIS,
Chez BRIASSON, rue Saint Jacques, à la Science.

M. DCC. XXXIII.
Avec Approbation & Privilege du Roy.

ACTEURS.

L'HIVER.

COMUS.

L'HIMEN.

LE PHARAON.

LE BAL.

LA MODE.

LA MEDISANCE.

LA VOLUPTE'.

HECTOR CRIQUET.

BACCHUS, les Jeux & les R
la suite de l'Hiver.

La Scène est à Paris.

L'HIVER,
COMEDIE.

SCENE PREMIERE.

L'HIVER seul, en habit fourré avec un manchon.

DES vrais plaisirs , unique azile ;
Paris , c'est l'Hiver que tu vois :
Las de regner au Nord, il vient ,
 heureuse Ville ,
Dans tes murs enchanteurs , &
 delasser trois mois.
Ne tremble point à voir mes neiges & mes glaces,
Au rôle de Vieillard le sort m'a condamné ,
Mais le Printems, malgré sa jeunesse & ses graces,
 N'en est pas moins mon frere aîné.
Bacchus , les Ris , les Jeux, sont toûjours sur
 mes traces ,

Et sous cet attirail Barbon ;
J'ai le cœur verd-galant, enjoüé, vif, aimable;
J'ai toujours bon vin, bonne table,
Et je n'ai pas toûjours les mains dans mon man-
chon.

SCENE II.

L'HIVER, COMUS.

L'HIVER.

Mais j'apperçois Comus, charmant Dieu de
la joye.

COMUS.

Dieu de l'Hiver, c'est vous ? quoi déja de retour ?
Quel bon vent sitôt vous renvoye ?

L'HIVER.

Le désir de revoir dans ce riant séjour ,
De toutes parts cent beautez réunies,
Et tant de solâtres genies
Qui par leurs traits badins égayeront ma Cour.

COMUS.

Mais à propos de Cour, je n'y vois point parois-
tre
Mes enfans, les Jeux & les Ris ;
Ils vous suivent toujours, peut-être ?

L'HIVER.

Oüi, Comus, ils seront sur le soir à Paris ;

COMEDIE.

Mais pourras-tu les reconnoître?

COMUS.

Comment?

L'HIVER.

Par l'air du Nord, ils sont plus engourdis,
Qu'un épais Seigneur de finance.

COMUS.

Et pour avoir trop vû le bon Bacchus, je pense?

L'HIVER.

Mais... Oüi; car vivre, est boire en ces pays.

COMUS.

Ah les petits vilains! quoi malgré ma défense...
Ah patience, patience,
Je vous les rends ce soir plus vifs, plus étourdis
Qu'un Petit Maître ou de Robe ou d'Epée.

L'HIVER.

Appelles-tu cela les mettre à la raison?
Mais m'as-tu fait une maison?

COMUS.

Votre attente n'est point trompée;
J'ai déja retenu quatre gros Cuisiniers,
Fiers, brillans d'embonpoint, plaignans peu les
dépenses.
Professeurs en leur Art : ils ont pris leurs licences
Chez de riches Fermiers.

L'HIVER.

Peste la bonne Ecole!

COMUS.

Item quatre Officiers,

A iij

Qui chez des Dévots même ont fait des confi-
tures.

    Est-ce-là prendre ses mesures ?
L'HIVER.

A merveille!

COMUS.

    Tubleu, je me connois en gen: s
L'HIVER.

Voilà ma table assez bien établie;
Mais pour d'autres plaisirs du moins aussi piquans;
    Comus, de tes heureux talens,
    Que puis-je esperer je te prie?
    Car avec toi je n'en fais pas le fin,
Je viens ici mener une joyeuse vie.

COMUS.

    Vous êtes un vieux libertin;
    Et vous ne serez jamais sage:
Aussi tous ces Guerriers vous aiment à la rage.
L'HIVER.

Du moins avec regret ils me quittent toujours.
COMUS.

C'est que vous les menez pleins d'honneurs & de
    joye,
Dans de certains quartiers où les mains des
    Amours
Filent pour eux des jours d'or & de soye.
L'HIVER.

Condamne-tu mon penchant amoureux ?

COMUS.

Moi? vous ne me connoissez gueres:
Livrez-vous aux plaisirs, l'Hiver est fait pour eux;
Vous valez mieux que pas un de vos freres.

L'HIVER.

Oüi ma foi.

COMUS.

Le Printems est fade, doucereux;
Etalant par tout les fleurettes;
Vous diriez d'un Abbé qui d'un air langoureux
A son Agnés soupire des sornettes

L'HIVER.

Et l'Eté?

COMUS.

C'est un grand flandrin;
Plus endormi mille fois qu'un Robin,
Que le moindre travail, la plus petite peine,
Met en sueur, ou hors d'haleine.

L'HIVER.

Mais, pour l'Automne?

COMUS.

Ah fi; son merite est son vin;
Et s'il faut qu'à vous je m'explique,
C'est un yvrogne, & des plus reconnus.

L'HIVER.

A propos d'yvrognes: Comus,
M'as-tu bien retenu des suppôts de Musique?

COMUS.

Le Concert a voulu se traîner jusqu'ici;

L'HIVER,

Mais il étoit si foible & si transi,
Qu'il est mort de froid sur la route.

L'HIVER.

Mais j'aurai des Comediens ?

COMUS.

Si vous en aurez ? Oui sans doute ;
Des François, des Italiens ;
Pour les François, Phœbus même s'employe.

L'HIVER.

Pour obliger ce Dieu, je les prends avec joye.

COMUS.

Pour les Italiens Momus vous parlera,
Et Mercure pour l'Opera.

L'HIVER.

A la bonne heure.

COMUS.

Enfin, Seigneur, c'est une rage
Comme l'on montre des desirs
De travailler à vos plaisirs ;
Grands & petits briguent cet avantage ;
Usuriers, beautez de tout age.
Combien d'Originaux je vous ai retenus !
Poëtes, Charlatans, Danseuse blonde & brune,
Plaideurs desœuvrez & camus ;
Coquette surannée aboyant à la lune :
Plus, un peintre en grotesque;il peint les Parvenus.

L'HIVER.

Mais aurai-je une femme ?

COMEDIE.

Comus.

Il en est venu mill
Mais vous êtes si difficile....

L'Hiver.

Moi difficile ? non, Comus,
Je veux de la beauté ; mais sans affetterie ;
Des graces sans minauderie ;
De la gayeté, mais sans coquetterie ;
De l'esprit, mais sans précieux ;
De la vertu, mais sans rudesse.

Comus.

Une femme de cette espece,
Est rare même dans les cieux ;
J'espere encor pourtant, & dans ces lieux
Il en est qui sçauront vous plaire.

L'Hiver.

Mais on vient.

Comus.

C'est quelqu'un qui cherche de l'emploi
Dans votre cour.

L'Hiver.

C'est ton affaire;
Je le laisse avec toi :
Je vais me délasser un instant du voyage,
Tu peux le renvoyer ou bien le recevoir,
Cher Intendant ; mais songe à me pourvoir.
il s'enva.

SCENE III.

COMUS, L'HIMEN.

L'Himen est habillé de jaune de la tête aux pieds ; il a un bonnet qui se termine en Croissant.

COMUS.

Mais , que vois-je ? l'Himen , le Dieu du
    mariage ?

L'HIMEN.

Tu vois, Comus: l'Hyver est , dit-on, en ces lieux,

COMUS.

Oui, les vents ses porteurs l'ont mis sur ce rivage.
Il arrive à l'instant.

L'HIMEN.

                              Tant mieux ;
Même on dit qu'il a pris quelque goût pour la
    Noce?

COMUS.

Oui, d'en tâter trois mois, il seroit curieux ;
Comme les gens de guerre il épouse en tous lieux,

L'HIMEN.

Ventrebleu , le joli négoce !

COMUS.

Mais , te voilà bien habillé !
On le voit bien, Fripon, vous hantez les Notaires.

L'H I M E N.

Ah ! c'est depuis que je me suis brouillé
Avec l'amour, j'en fais mieux mes affaires.

COMUS.

Comment donc ?

L'H I M E N.

Avec lui je ne finissois rien ;
Pendant un siecle il faisoit des misteres ;
Avant qu'il me permît d'unir dans mon lien
Un amant avec sa maîtresse.
Sont-ils égaux, disoit-il, en noblesse,
En age, en bien,
Et leur humeur se convient-elle ?
Sentent-ils l'un pour l'autre une ardeur mutuelle ?

COMUS.

Bon ! c'est bien de cela dont il est question ?
L'Amour aima toûjours la bagatelle.

L'H I M E N.

Quand il vouloit sans moi faire quelque union ?
Il ne lanternoit point, il alloit au fait, zeste;
Présentement je viens, je vois, j'unis.

COMUS.

La peste !

L'H I M E N.

Quand il s'agit de matrimonion
L'homme doit brusquer l'avanture ;

COMUS.

Sans doute.

L'HIVER,

L'HIMEN.
Avec Plutus je suis associé.

COMUS.
'Autre aveugle : ma foi, te voilà bien lié !
Mais, notre cher Himen, selon ce que j'augure
Tu n'aimes pas les clairs-voyants.

L'HIMEN.
Plutus a maintenant un carquois & des fléches,
Et tous ses coups sont surprenants.

COMUS.
Ce n'est pas dans les cœurs qu'ils vont faire des
bréches.

L'HIMEN.
Par ses ordres j'unis
'Avec l'adolescent l'antique Doüairiere ;
'A l'aimable tendron, l'époux sexagenaire ;
Et le veritable Marquis,
Avec la fille du Commis.
En vain la vertu toute nüe,
Mais de mille charmes pourvüe ;
'A son secours m'apelle nuit & jour ;
A ses soupirs je suis plus sourd
Qu'un Sécretaire,
Qu'un plaideur, la main vuide, instruit de son
affaire.

COMUS.
Diantre !

L'HIMEN.
Ce n'est pas tout.

COMUS.

Que fais tu donc de pis?

L'HIMEN.

L'Amour aime les gens de guerre;
Pour me venger de fes mépris,
Je les barre par toute terre.
Quand j'en vois un qui veut fe marier,
Aux parens de la fille alors je cours crier;
Prendre un guerrier pour gendre, helas! c'eft
prendre un maitre;
Bientôt à vos dépens il fe feroit connoître:
Il vous tourmenteroit & vous & vos Fermiers;
Vous verriez votre bien paffer aux Ufuriers;
Cependant votre fille en un trifte village
Vivroit à peu de frais, pour qui? pour un volage
Qui loin d'elle en tous lieux, plein d'une folle
ardeur
A d'autres porteroit & fes vœux & fon cœur?
Il reviendroit un jour, victime de la guerre,
Sans jambes & fans bras, avec un œil de verre;
Le beau meuble, Meffieurs, pour fa jeune moi-
tié,
Qu'un pauvre Epoux qui ne fait que pitié!
Oh je n'achette pas fi cher un invalide,
Répondent les parens, que l'avis intimide:
Entre l'amour & moi jamais de paix;
Pour les guerriers, jamais de mariage.

C O M U S.

De ta mauvaise humeur l'Amour les dédommage;
Et le plus souvent à tes frais.
Ami, retire-toi, je vois une Brunette
Qui vient apparemment pour épouser l'Hiver.

L' H I M E N.

Pour l'épouser ? quoi son emplette
N'est pas faite ?

C O M U S.

Non, il ne veut rien prendre en l'air.

L' H I M E N.

Pour un bail de trois mois, c'est être difficile.
Je laisse avec toi cette Iris.
Quand je pourrai vous être utile,
J'ai mon temple à deux pas dans un champ de
Soucis.

S C E N E I V.

C O M U S , L A M O D E.

LA MODE *sautant au col de Comus.*

Cher Comus, que je vous embrasse.
COMUS *la repoussant.*
Comment donc, s'il vous plaît?
LA MODE.
Quoi! vous me rebutez?

COMUS.

Vous avez l'abord tendre.

LA MODE *voulant l'embrasser.*

En vain vous resistez.

COMUS *la repouſſant encore.*

Madame finiſſez, de grace.

LA MODE.

Comment, Dieu de la joye , & quel accüeil
glacé ?

COMUS.

Embraſſe-t'on les gens ſans les connoître ?

LA MODE.

Sans les connoître? moi ? vous vous mocquez
peut-être.

A la Cour de l'Hiver , je vous vis l'an paſſé,

COMUS.

Non, je ne vous vis de ma vie.

LA MODE *vivement & gayement.*

Quoi tout de bon?

COMUS.

Tout de bon.

LA MODE.

Quel plaisir !

Comus me méconnoît, j'en ai l'ame ravie. *Elle
rit comme une folle*

COMUS *la conſiderant.*

Quel vertigo vient la ſaiſir !

Un manchon d'une main, un évantail de l'autre !

Elle a l'eſprit troublé, je ne m'y méprens plus.

LA MODE.

Comus me méconnoît, quelle gloire est la nôtre !
Que vous me charmiez, cher Comus,
Et que ce compliment est flateur, agréable,
C'est mon mérite à moi d'être méconnoissable :
Je change tous les jours,
Au moindre vent d'habit & de visage,
D'esprit, de geste, de discours,
De caprices, d'humeur, sans en être plus sage ;
Incessamment je cours du blanc au noir ;
Ce qui me plaît ce soir
Me déplaira demain, j'en suis certaine.

COMUS.

Mais votre nom ?

LA MODE.

Il vous est bien connu ;
Je suis la Mode.

COMUS.

Vous ?

LA MODE.

Oui, qu'il vous en souvienne ;
Divinité Parisienne ;
Fille de la Folie & du premier venu.

COMUS.

Qui diable vous eût devinée ?

LA MODE.

Depuis neuf mois
Vous me trouvez donc bien changée ?

COMUS.

COMUS.

Plus extravagante cent fois.

LA MODE *lui faisant une profonde reverence,*

Comus peut-être me cajolle,

Sa politesse....

COMUS.

Ah croyez-moi ;

Quoique Intendant je suis de bonne foi ,

Je ne vous vis jamais si folle ,

Vous charmerez l'Hiver sur ma parolle

LA MODE.

Oh vraiment je l'ai bien compté ,

Je me sens là-dedans une vivacité :

Et mille inventions cornuës !

Le pauvre Dieu d'Hiver , au milieu de sa cour,

Avec moi sera chaque jour

Comme tombé des nües ;

Mon plan est déja tout dressé.

COMUS.

De grace, tracez-m'en une legere Image.

LA MODE.

Volontiers. Par exemple il laissa l'an passé

Les Medecins en lugubre équipage ,

En habit noir, manteau , rabat , petits cheveux,

Le sourcil sombre & ténebreux ,

L'accueil farouche ; enfin toutes les marques

Qui doivent distinguer les ministres des Parques.

COMUS.

Ils tüoient du coup d'œil.

L'Hiver.   B

LA MODE.

Je les ai déguisez
En Adonis ; j'ay mis leurs personnes charmantes
Sous les couleurs les plus brillantes.
Ils sont brodez , poudrez , frisez ,
Ils ont des teints fleuris, des yeux vifs , des voix
claires
Comme des Courtisans, même des airs aisez :
Enfin vous les croiriez d'aimables Mousquetaires,
S'ils n'étoient pas un peu trop empesez ;
Bref, la seringue & la lancette en France
Vont aujourd'hui sous le velours :

COMUS.

Ces Charlatans sont gens sans conséquence.

LA MODE.

Ces Medecins chez eux tapis comme des Ours
Lisoient des bouquins Grecs , Arabes...

COMUS.

Ils en tiroient cent barbares syllabes
Dont ils éblouïssoient les gens.

LA MODE.

Je leur fais lire à présent les Gazettes ,
Les Livres de bons mots , & les nouveaux Ro-
mans :
Ils sont toujours farcis de chansonnettes ,
De Brevets de Calote ; & de telles sornettes ;
De caquets du quartier ; d'un malade aux abois ;
Ils vont en égayer l'oreille.

COMUS.

Et les guerissent-ils ?

LA MODE.

Seroit-ce donc merveille !
On les en voit ratter tout autant qu'autrefois.

COMUS.

Qu'appellez-vous ratter ?

LA MODE.

Guerir, c'est même chose.
Hé bien, que dités-vous de la métamorphose ?

COMUS.

Vous êtes trop plaisante , & l'Hiver en rira.

LA MODE.

C'est le moindre des tours que ma gayeté projette.

COMUS.

Avez-vous des suivans avec ces travers - là

LA MODE.

Une femme plûtôt voudroit être coquette,
Que de n'être pas ma sujette.

COMUS.

Vous changez si souvent de goût , que quelque
jour ,
Pour le merite enfin vous prendrez de l'amour.

LA MODE.

J'en ai voulu tâter ; Misantrope incommode,
Il contrôloit toutes mes actions,
Il vouloit reprimer toutes mes passions.
Oh vive un pied-plat pour la mode,
Il ne connoît la honte, ni l'honneur.

B ij

Mes caprices font son bonheur.

C O M U S.

Vous en joüez comme d'une pagode.

LA MODE *follement.*

A' propos je vous quitte, & je cours de ce pas.

C O M U S.

Déja ? quelle importante affaire.

L'Hiver est arrivé, vous avez des appas,

Il pourroit pour épouse . . . . .

LA MODE.

Oh je n'épouse pas.

Je reviendrai, je cours dire à ma Coûturiere,

Que l'habit que tantôt j'avois imaginé,

Me paroît déja vieux pour le goût & l'ouvrage ;

A tantôt, chez Comus. *Elle part en courant.*

C O M U S.

Soyez toûjours bien sage . . .

Mais que cherche ce forcené.

S C E N E V.

COMUS, LE PHARAON.

LE PHARAON *malhabillé & enveloppé dans un*
Manteau courant sur le Théâtre.

OU suis-je ! . . où me cacher ; . . Ah grace . .
Il se jette à genoux tourné vers le
. . . . côté d'où il vient de sortir.

Meſſieurs, je vous quitte la place ;
Vous ne me verrez plus ici ſur mon honneur ;
Je ſors de Paris dans une heure,
Ou je meure.

COMUS.

Tout Dieu que je me ſens ce drôle me fait peur ;
C'eſt ſans doute un voleur.

LE PHARAON *ſe raſſurant.*

Mais du Dieu de l'Hiver c'eſt ici la demeure !
Et j'aperçois Comus. Bonjour Seigneur......
Quoi vous tremblez ? allons qu'on ſe raſſure,
Je ſuis un Dieu d'honneur, un Dieu Gaſcon ;
Je m'appelle le Pharaon.

COMUS.

Le Pharaon ! quelle triſte avanture ;
Vous a pourſuivi juſqu'ici ?

LE PHARAON.

Vous en allez être éclairci.
Ci-devant dans toutes les ruës
J'avois des Temples à Paris,
Où de mes zelez favoris,
Je voyois chaque jour accourir les recruës ;
Par leurs déſirs, par leurs clameurs,
Par leurs craintes, par leurs fureurs,
Par leur deſeſpoir, par leur rage,
Par d'horribles contorſions,
Et par mille imprécations,
Ils m'exprimoient leur tendre hommage ;

COMUS.

Le beau ftile , le beau langage !

LE PHARAON.

Tous mes honneurs aujourd'hui font ceffez;
Tous mes Temples font renverfez,
Je n'ai pas un grenier, je n'ai pas une cave,
Pas un feul trou pour me fourrer.
Par tout mon ennemi me brave,
Et me vient deterrer;
Voyez, jugez par mon defordre. *Il entr'ou-
vre fon manteau.*

COMUS.

Cet ennemi quel eft-il ?

LE PHARAON.

Le bon ordre;
Un Dieu qui voit plus clair qu'Argus.
Pour m'échaper de lui , mes foins font fuperflus;
Son nez lui dit où je puis être :
Tout à l'heure il m'avoit barré tous les chemins,
Et je n'ai pu me fauver de fes mains
Qu'en me jettant par la fenêtre

COMUS.

Je plains l'état où vous voilà.

LE PHARAON.

Vous pourriez reparer ce mal....

COMUS.

Comment cela ?

LE PHARAON.

A l'Hiver faites moi connoître ;

Qu'il me loge ; pour grand-merci ;
Je vous divertirois …

COMUS.

Eh de quelle manière ?

LE PHARAON.

Et sandis par mon sçavoir-faire.
Vous verriez arriver ici,
En cortege nombreux, en brillant équipage ;
Un Marquis du bel air, riant & sans souci ;
Dès qu'il m'auroit fait son hommage,
Vous l'en verriez sortir triste, pâle, transi ;
La fureur dans la bouche, & la vûë égarée ;
Sans Marquisat, à pied, sans bijoux, sans livrée ;
Je donnerois le tout au premier Cadedis.
Vous verriez la Comtesse aimable
Qui montre pour mon culte un zele infatigable ;
Me sacrifier tout, Bagues, Joyaux de prix,
Meubles …. enfin jusques à ses habits.

COMUS.

Et garder assez mal le reste.

LE PHARAON.

Pour orner mes autels la chicane funeste
Souvent immoleroit la veuve & le mineur ;
Et le Marchand impitoyable,
M'apporteroit avec ardeur,
Ce qu'une usure abominable,
Lui feroit arracher au prodigue Seigneur.

COMUS.

Le tout iroit souvent aux mains d'un miserable.

Le Pharaon.

Bref ; à Plutus il faut des dix , vingt ans,
Pour métamorphoser des laquais en traitans ;
Pour changer un faquin en homme d'importance
Je ne demande, moi, qu'un jour, moins quelque-
fois.

Comus.

Cet habit prouve mal votre rare science ;
Pour faire croire vos exploits
Vous êtes , notre ami , trop mal dans vos
affaires.

Le Pharaon.

Vous en êtes surpris ? hé donc ! depuis un mois,
J'ai passé par les mains de quatre Commissaires ;
Mais vous allez m'arracher de ce pas ;
A l'Hiver menez-moi tirer ma reverence.

Comus.

Qui ? moi, non ne l'esperez pas.
Si vous ne faisiez connoissance
Qu'avec des gens d'usure ou de finance ;
L'Hiver vous verroit volontiers
Plumer jusqu'au vif ces Vautours de la France
Mais il vient ici des guerriers
Dont nous cherissons la présence ;
Vous voudriez d'abord vous lier avec eux :
De votre adresse infortunée,
Et de votre commerce affreux,
Ils se mordroient les doigts le reste de l'année.

Allez ailleurs chercher fortune.

LE PHARAON.

Eh du moins attendez qu'il soit un peu plus tard;
Je me sauverai sur la brune,
Chez quelque Comte de hazard.

COMUS.

Non sans replique & sans excuse,
Sortez vite ...

LE PHARAON *riant.*

Ha ha ha.

COMUS.

Vous riez ?

LE PHARAON.

Oüi, ma foi.
Vous croyez me fâcher, & vous êtes bien buze;
Car vous y perdez plus que moi.
Avec un Intendant, je fçai comme on en use,
D'un pot de vin, en bel argent comptant,
J'aurois payé votre entremise;
Vous me regreterez, & je pars à l'inftant :
Je vais faire briller mon mérite à Venife,
Où Mons du Carnaval m'attend.   *Il s'en vâ*
& aprés quelques pas il se détourne.
Ain! ... vous me rappellez ? ...

COMUS.

Qui, moi? je vous rappelle ?

LE PHARAON.

Oüi, vous jouez de la prunelle :
Vous voudriez racrocher mes écus,

L'Hiver...   C

Sandis; vous ne me tenez plus;
Aux regrets, je vous abandonne;
Une autre fois soyez moins fier, Comus,
Avec un Dieu de la Garonne.

CO M U S.

Le coquin ! son sang-froid m'étonne;

SCENE VI.

COMUS, LE BAL *en Domino noüé sur le côté, un Masque à la main.*

LE BAL dansant & chantant.

LA, la, la, la, le, la, la, la.

COMUS.

Ah le bel enfant que voilà !

LE BAL.

La, la, la, la, la, la, la, la,

COMUS.

Cette gayté, ce beau visage,
Et cette taille faite au tour,
M'annoncent sans doute l'Amour ?

LE BAL.

Qui, moi ? l'Amour ? fi donc ; ce brillant étalage
Annonce-t'il un pauvre Dieu,
Qui n'ayant plus ni feu ni lieu
Est contraint de vivre au Village ?

C O M U S.

Il est vrai de l'Amour , les Champs sont l'ap-
panage.

L B B A L.

Le jour que je naquis , que j'excitai de ris !
  Car tout l'Olympe étoit en fête ,
  Et de me voir l'Hymen fut si surpris,
Que les cornes soudain lui vinrent à la tête. ✕

C O M U S.

Mais qui donc êtes-vous ? Peste !

L B B A L.

        Du Carnaval,
Je suis fils naturel & frere de la Danse,
  Mercure éleva mon enfance.

C O M U S.

L'habile Précepteur ! votre nom est ?

L B B A L.

           Le Bal.

C O M U S.

Ah, je ne vous connoissois guere.

L B B A L.

Je le crois bien , car je dors tout le jour :
Ce sont les Dieux bourgeois que le soleil éclaire,
Ils reçoivent l'encens tandis qu'il fait son tour.
  Pour moi, pour mes joyeux misteres,
Vive la nuit , & ses sombres lumieres. ✕

C O M U S.

Que vous devez avoir une gaillarde Cour !

L B B A L.

Ah je vous en repons : tenez, avec ce masque

✕   C ij

Je fais tous les jours quelque frasque ;
Et j'ose défier l'Amour & tous ses traits
De faire les coups que je fais,
Ils tiennent ma foi du miracle.

C O M U S.

Vous me surprenez, & comment ?

LE BAL.

Ce masque fait parler un sot comme un Oracle :
Le trop timide Amant
Qu'un respect du vieux tems aux genoux de sa
Belle,
Retenoit plus interdit qu'elle,
Devient avec ce masque entreprenant, hardi.

C O M U S.

En amour, vive un étourdi.

LE BAL.

Jamais avec ce masque il ne fut de cruelle.
Ce masque change en beauté la laideur ;
En tendron, l'antique femelle.
Cette Prude, dont la pudeur
Au seul nom d'un Amant étoit sur le qui-vive ;
Lui prête avec ce masque une oreille attentive,
{ Et son hypocrite froideur, {
{ Devient une brûlante ardeur. {

C O M U S.

Elle savoure à longs-traits la fleurette.

LE BAL.

Avec ce masque une fine coquette ;
A l'étranger se donne pour Agnès.

COMUS.

Non, l'étranger ne s'y trompe jamais :
Mais comme nos Marquis cherchent la gloire
aisée,
Plus une belle est décriée,
Et pour lui plus elle a d'attraits.

LE BAL.

Ce masque rend le Commis suportable,
Et la Provinciale aimable.
Sous le masque une femme enchante son mari ;
Et le mari charme sa femme.

COMUS.

Mais du visage de la Dame
Si le masque tomboit ; le beau charivari !

LE BAL.

Tant pis pour eux. Comus, de mon espiéglerie,
Vous allez voir des tours joyeux.

COMUS.

Qu'allez-vous faire, je vous prie ?

LE BAL.

En entrant dans ces lieux
J'ay rencontré vos fils, les Ris, les Jeux ;
Je leur ai dit le plan de mon étourderie :
Et quoíque yvre, Bacchus va venir avec eux
Aux nôces de l'Hiver ; car, moi, je le marie.

COMUS.

Vous mariez l'Hiver ?

LE BAL.

A la Danse ma sœur.

C iij

COMUS.

Que voulez-vous qu'il fasse d'elle ?

LE BAL.

Ce que je veux qu'il en fasse ? elle est belle.

COMUS.

Oui; mais pour un barbon, la danse ne fait peu*
C'est, entre-nous, une étrange commere.

LE BAL.

Elle a quand il lui plaît moins de vivacité,
—Selon les Gens elle est * grave, tendre, ou legere

COMUS.

Pour le front quelle sureté,
Qu'une femme qui change ainsi de caractere !

LE BAL.

Une Jeune beauté,
Cher Comus, est Comedienne née ;
C'est un Protée.
Veut-elle plaire à l'homme de Palais,
Ou bien au Financier? elle est simple, innocente,
Naïve, timide, tremblante ;
Elle rougit de tout, c'est une Agnès.
Veut-elle prendre en ses filets
Un Petit-Maître? elle est enjoüée, indiscrette;
Elle assomme de son caquet,
Elle est folle, étourdie ; & c'est une coquette
A-t'elle des desseins sur un Petit collet ?
La voilà sombre, serieuse,

* Le Bal contrefait ces trois caracteres.

Vindicative, précieuse ;
De tout le monde elle médit,
Et hardiment se loüe & s'applaudit ;
C'est une Prude. Enfin sans qu'on s'en doute,
D'un rôle à l'autre elle passe à son choix,
Et sans que la chose lui coûte.

COMUS.

Elle joüeroit cent rôles à la fois,
Avec tous ces talens qu'en votre sœur j'admire,
L'Hiver pourra l'aimer ; mais je dois vous ins-
　　truire,
Qu'il n'épouse que pour trois mois.

LE BAL.

Tant mieux ; en faut il davantage ?
Après trois mois de mariage,
Le plus aimable époux, plaît-il encor long-
　　temps ?
Ma sœur ne fit jamais de bail à vie ;
Et quand l'Hiver faussera compagnie,
Elle compte épouser tour à tour le Printems,
L'Eté, l'Automne.

COMUS.

Votre sœur est une aimable fripone ;
Mais malgré tous ses agrémens,
Je doute que l'Hiver pour épouse la prenne.

LE BAL.

Qu'il la renvoye, ou bien qu'il la retienne ;
Du moins il l'aimera pendant quelques momens,
C'est assez pour ma sœur, elle est peu façonniere.

Adieu je cours faire avancer mes gens. *Il sort*
en chantant & en dansant.

COMUS.

L'honnête sœur ! & le bon frere !

SCENE VII.

COMUS, LA MEDISANCE.

La Médisance est habillée en Devote, sans panier,
avec une peinte noire, & une espece de
guimpe ou de collet.

COMUS.

MAis que veut cette Doüairiere ?
Prétend-elle à l'Hiver avec ses cheveux blancs ?
Il faut écouter la friponne ;
Mais d'avance, elle peut compter sur mes refus.
LA MEDISANCE *doucereusement.*
Le Ciel vous tienne en joye, agréable Comus.
COMUS.
Sans compliment, que voulez-vous, ma bonne ?
LA MEDISANCE *aigrement.*
Ma bonne ! moi ?
COMUS.
Quoi ! ce nom vous étonne ?
LA MEDISANCE *doucereusement.*
O Jupiter ! souffrez-vous ces abus.
aigrement

Moy ! m'appeller ma bonne ? une Déeſſe !

C O M U S *riant.*

Qui vous ? une Divinité !

Que Bacchus fit ſans doute en ſon yvreſſe.

LA MEDISANCE,

Non , traître , je le ſuis d'un & d'autre côté :

L'Envieux Momus eſt mon Pere ,

Et ma mere, l'Oiſiveté.

C O M U S.

Les honnêtes parens ! votre nom ?

LA MEDISANCE.

Le vulgaire

M'appelle Mediſance.

C O M U S.

Ah , je vous reconnois.

LA MEDISANCE.

Je me plais peu chez les petits Bourgeois ;

J'y ſuis dégoûtante, groſſiere,

Sans façons , ſans eſprit.

C O M U S.

Mais, chez les gens de Cour ?

LA MEDISANCE.

Je n'y parois jamais ſous ce nom éfroïable,

J'en choiſis un plus agreable :

J'en ai pluſieurs que je prends tour à tour ,

Selon les gens que je frequente.

C O M U S.

Bon : ſous quel nom êtes-vous en ce jour ?

LA MEDISANCE.

Avec cette démarche lente,
Ces yeux baissez, ce severe maintien,
Cette parure innocente & modeste,
Ce ton de voix éteint, & ce doucereux geste,
    Je vais trouver des gens de bien.

COMUS.

   Par ma foi, c'est l'entendre.

LA MEDISANCE.

     Ecoutez, je vos prie.
   Sous un dehors d'austerité,
   Déguisant ma malignité,
   Tout sentira les traits de ma furie

COMUS.

Fort-bien : & votre nom sera ?

LA MEDISANCE.

             La Vérité.

COMUS.

   Qui diantre s'en seroit douté ?

LA MEDISANCE

Sortant d'avec ces gens, vive, étourdie,
      aimable,
     Toute brillante & d'or & de rubis ;
Je me ferai traîner dans un cercle agréable
    De Duchesses & de Marquis.
   Que de plaisirs, & que de ris
     Exciteront les charmantes saillies,
   Et les piquantes railleries,
Que je ferai tomber sur mes meilleurs amis &

Quel feu , quels traits ! bons mots de toute
 espece :
Je contreferai tout , l'air, les tons , les habits
Du Commandeur, de la Comtesse . . . .

COMUS.

Vous vous appellerez dans ces endroits cheris?

LA MEDISANCE.

{ Enjoüement , gentilleſſe ,
  Vivacité , délicateſſe :

COMUS.

Les beaux noms que vous avez pris !

LA MEDISANCE.

De-là dans un Caffé , bureau des beaux-eſprits,
  En Pedant de Robe ou d'Epée ,
   En Petit collet , en Poupée ,
Par des tons décififs & d'effroïables cris ,
Incapable de rien (mais capable d'envie)
Je vais fronder tous les nouveaux Ecrits :
Jufques fur leurs Auteurs étendant ma furie ,
  Je me crois un Docteur fans prix ,
Et Je me fais nommer fine Plaifanterie.
 C'eſt à midi qu'on y vient m'écouter.

COMUS.

 Mais , vous vous faites déteſter.

LA MEDISANCE.

Que m'importe ? mais , non : tel qui dit qu'il
 m'abhorre
  Dans le fond de fon cœur m'adore ;
  Et tel me hait de bonne foy

Qui pourtant se plaît à m'entendre.

Pour tout oüir, tout voir, & tout répandre ;

La Renommée a moins de voix que moy,

Moins d'oreilles, moins d'yeux. Nulle chose innocente,

Que je ne tourne avec malignité :

Dans un besoin même j'invente. ✕

Partout mon esprit est fêté ;

On rit dès qu'on me voit paroître ;

Et l'on se croit heureux de me connoître.

COMUS.

Plus heureux qui de vous, ne fut connu jamais.

LA MEDISANCE.

Il faut me voir dans un spectacle

'Avant que l'on commence ; Ah, c'est-là que je
plais !

On m'environne, on m'écoute en oracle :

Je promene mes yeux distraits

De Loge en Loge ; homme, femme, personne

Ne peut échaper à mes traits.

Les charmans contes que j'en fais !

Voyez cette beauté qui paroît simple & bonne ;

Dis-je à mes Auditeurs, les bons tours que j'en
sçais !

Son sot d'époux dans ce coin l'espionne ;

Il prête aux jeunes gens à triples interêts.

Ce petit freluquet que vous voyez auprès,

Est l'Ennuyeux, ou l'Amant de la Belle ;

*Garçon se voit dans l'étude
Qu'il sait trouver dans un écrit
Ce que jamais l'auteur n'y mit
Roi, Célestine.

Il danse, il chante, il joüe un air de Vielle,
Voilà tout son petit sçavoir ;
C'est un échapé de finance,
Cependant il faut voir,
Comme il fait le gros dos , & l'homme d'impor-
tance.
Ce Beau Marquis qui s'étale là-bas,
Qui vient de s'annoncer avec tant de fracas,
Est un fat : pour mérite il n'a que sa naissance,
Il attend pour parler que la piece commence ;
Plus haut que les Acteurs , alors il parlera ,
De ses sotises il rira ,
Ou bien dans les foyers il ira voir la piéce,
Et Dieu sçait ce qu'il en dira,
Et comme hardiment il en décidera,
Chez la Présidente Lucrece ,
Qui veut passer pour sa Maîtresse ;
Mais le Public s'obstine par malheur,
A la croire femme d'honneur.
Ah . . . ce Blondin qui vient jusqu'aux bords du
Théatre ,
En propre original est la fatuité ;
De son air & de sa beauté ,
Il croit chaque femme idolâtre :
Par pitié pour le sexe il vient se faire voir ;
Vous ne le verrez point s'asseoir ,
Il est toûjours debout , ou bien il se promene ;
Malgré les cris du Spectateur ,
Il offusque, il arrête & l'Actrice & l'Acteur ;

En traverſant cent fois la Scéne.
Cet autre....

C O M U S.

As-tu bien-tôt noirci tous les mortels !
Sors d'ici cruelle furie,
Retourne aux Enfers ta patrie ;
Des fers étèrnels,
Sont pour toi de trop doux ſuplices.

LA MEDISANCE.

Vous me chaſſez ? Malgré vous je reviens;
Je ſuis l'ame des entretiens,
Et j'en fais toutes les délices.
L'Hiver ſans moi ne feroit que bâiller;
Sa reſſource toujours feroit de quadriller :
Le jeu n'eſt que pour ceux qui ne ſçavent rien
dire.
L'Hiver m'épouſera.

C O M U S.

Sors d'ici, Monſtre affreux;
LA MEDISANCE *d'un ton doucereux.*
Adieu, pour un inſtant, Comus, je me re-
tire. *Elle fait deux pas.*
Vous êtes Intendant, Seigneur, & ſcrupuleux!

C O M U S.

Quôi, juſques ſur moi-même elle exerce ſa rage?

SCENE VIII.
COMUS, HECTOR CRIQUET.

Hector Criquet est habillé de noir avec un Manteau, une grande Perruque sans poudre, & un grand Rabat.

COMUS.

MAis que cherche ici ce visage?
Seroit-ce encore un Dieu? Je n'en vis jamais tant,
Ni de plus sots. Ecoutons-le pourtant.

HECTOR CRIQUET.

C'est sans doute ici le palais du Dieu de l'Hiver?

COMUS.

Oüi, Monsieur.

HECTOR CRIQUET.

Et c'est au Dieu Comus que j'ai apparemment l'honneur de parler.

COMUS.

Oüi, Monsieur; vous suis-je nécessaire?

HECTOR CRIQUET.

Seigneur, j'ai appris que vous cherchiez un
nombre de gens pour contribuer par leurs divers talens aux besoins & aux plaisirs de l'Hiver pendant son séjour en France.

COMUS.

Il est vrai.

HECTOR CRIQUET.

Avec votre permiſſion , & ſauf le meilleur aviſ
de votre divinité, ne feroit-il pas beaucoup plus
avantageux, au lieu de multiplier les êtres à l'in-
fini, de trouver un ſujet qui raſſemblât en lui
tous les divers talens?

COMUS.

Ce feroit une fort bonne affaire ,
Car moins de gens, moins d'ennemis;
Mais dans quels climats pourroit être
Un original d'un tel prix ?

HECTOR CRIQUET.

Je le connois, c'eſt une veritable Enciclopedie ;
Id eſt, l'abregé de toutes les ſciences.

COMUS.

Ah de grace, Monſieur, faites-le moi con-
noitre.

HECTOR CRIQUET.

J'ai trop de modeſtie pour vous le nommer ;
mais voici un petit Placet où vous trouverez
avec ſes mérites détaillés, ſes nom & demeure.

COMUS.

Je le lirai.

HECTOR CRIQUET.

Je reviendrai demain matin, ſçavoir quel
cas vous aurez fait de mon Placet. Serviteur,
Seigneur, ſerviteur, *il fait deux pas & revient :*
comme vous êtes un Dieu, j'ay mis le Placet en
votre langage, je l'ay écrit en vers.

COMUS.

COMUS.

Tant mieux ;
Il m'en fera plus précieux,
HECTOR CRIQUET.
Si vous me le permettez ; j'aurai l'honneur de
vous déclamer mon Placet.

COMUS.

Très-volontiers.

HECTOR CRIQUET *déclamant ridiculement.*

A Monseigneur

Comus, Dieu de la joye & de la bonne
chere ,
Et du Dieu de l'Hiver Intendant ordinaire,
Mais Intendant tout plein d'honneur.
Monseigneur , humblement suplie ,
Hector Criquet.
Et vous remontre en ce Placet ,
Qu'il montre l'Eloquence & la Philosophie,
Les Langues , le Blazon , & la Geographie;
La Medecine , & les Loix ,
La Marine , l'Astrologie ,
La Guerre , la Magie ,
Et mille autres Arts à la fois.
Ledit Hector Criquet demeure ,
Depuis plusieurs saisons,
Auprès des petites Maisons ,
On l'y trouve à toute heure.

COMUS.

Le charmant Placet! les beaux Vers!
L'Hiver. D

Vous ſçavez tous ces Arts divers?

HECTOR CRIQUET.

Non pas, Seigneur, mais je les enſeigne. A dé-
main Seigneur, Serviteur. *Il fait ſix pas.*

COMUS.

La peſte ſoit du fanatique.

H. CRIQUET *revenant*.

S'il vous plaiſoit, je vous chanterois mon Placet;
Car je l'ay mis en Muſique.

COMUS.

Voyons : un Placet en Muſique !

H. CRIQUET.

En quelle Muſique voulez-vous que je le
chante ? Muſique Italienne, Françoiſe, Angloi-
ſe, Allemande, Suiſſe, Turque, Chinoiſe !✳
car je compoſe en toutes ces Muſiques, ſans les
avoir apriſes que par les Mathematiques : oh
cela fait de beau chant! Parlez.

COMUS.

Chantez celle qu'il vous plaira.

H. CRIQUET.

Vous en êtes pour l'Italienne, je le vois ; c'eſt
le grand goût : auſſi, qu'eſt-ce que cette Muſique Françoiſe ? elle approche trop des paroles.

COMUS.

Oui, mais de ce défaut on la corrigera

H. CRIQUET.

La la la ... Quelle voix voulez-vous ? car
je les ai toutes, haut-deſſus, bas-deſſus, haute-

✳ *lsoquoiſe? frequant verles la Journal*
etranger. mai 1754.

contre ; taille , concordant , diſcordant ; voix
entiere ; voix claire , baſſe-taille , baſſe - contre : parlez, choiſiſſez.

COMUS.

La voix que vous voudrez ; il ne m'importe
guere.

H. CRIQUET.

La la la : je n'ai pas mis le titre du Placet
en Muſique , ſi vous vouliez pourtant.....

COMUS.

Non, non, il n'eſt pas néceſſaire.

H. CRIQUET *chante en Muſique Italienne.*
Monſeigneur humblement ſuplie , &c. *juſqu'à*
ces mots, ledit Hector Criquet.

COMUS.

Je ſuis enchanté de votre Air ;
Et j'en ferai rire l'Hiver.

H. CRIQUET.

J'abuſe de vos bontez. A demain, Seigneur, ſerviteur. *Il fait huit pas.*

COMUS.

Fut-il jamais pareille extravagance !

H. CRIQUET *revenant.*
Il tire de deſſous ſon manteau un violon qu'il
préſente à Comus.
Un Dieu ſçait toutes choſes. Sçauriez-vous joüer
du violon !

COMUS.

Non, je n'ai pas toute votre ſcience.

H. CRIQUET.

C'est que je vous danserois mon Placet, j'ay
composé des pas dessus.

COMUS.

Ah! voyons danser un Placet :
Je n'oublirai jamais ce trait.

H. CRIQUET.

Il chante, joüe du violon, & danse en même-tems.
Je vais vous en donner le plaisir moi seul.

COMUS.

Vous êtes de talens un si rare assemblage,
Que vous avez sans doute un Equipage ?

H. CRIQUET.

Un Equipage, Seigneur ! est-ce que les talens
sont récompensez dans ce Pays ? on croit trop
payer un Genie, qui va par les maisons enseigner
la Philosophie & la Politique, quand on lui
donne une demie pistolle pour trente leçons; &
l'on ne rougit point d'en donner dix à un Danseur,
à un Chanteur pour douze quarts-d'heure; cependant il est honteux à un honnête homme de
trop bien sçavoir leurs Arts : bien danser n'est
qu'un mérite de singe.

COMUS.

Mais tout Paris aime ces Arts galants.

H. CRIQUET.

Dites, la Bagatelle. Qu'un homme du premier
mérite entre dans une compagnie du bel air, s'il
ne débute pas par une reverence extravagante

dit-il d'ailleurs des choſes plus galantes que De-
moſthénes & Ciceron ; fi, c'eſt un mauſſade, un
pedant, un ſot, un homme à jetter par les fenê-
tres: qu'il entre enſuite un étourdi, qui jette ſa
tête d'un côté, ſon corps de l'autre ; qui danſe
ſur un pied, qui chante en même tems, qui vol-
tige de fauteüil en fauteüil, il ne dira que des
fadaiſes, & toute la compagnie s'écrira : ah le
joli homme! qu'il eſt aimable! qu'il a d'eſprit!
c'eſt un prodige.

COMUS.

Cela vous dit, que le corps a ſes graces,
Comme l'eſprit a ſes talens ;
Il faut les cultiver en homme de bons ſens:
De l'éducation, ils nous montrent les traces ;
Mais le François veut être univerſel,
Et jamais, quoiqu'il ſe propoſe,
Il ne ſçait à fond nulle choſe;
Il n'eſt que ſuperficiel.
Bien plus, c'eſt de l'Art qu'il profeſſe ;
Qu'il parle ſouvent le plus mal.
Le Magiſtrat parle guerre ſans ceſſe,
L'Abbé parle toillette & bal,
Le courtiſanMorale, & l'homme de Finance
Parle bel eſprit & ſcience.
Mais vous m'avez donné des paſſe-tems trop
doux;
Venez me voir demain, & j'aurai ſoin de
vous.

H, CRIQUET *joyeux.*
A demain, Seigneur, Serviteur, Serviteur.

SCENE IX.
L'HIVER. COMUS.
COMUS.

MAis voici l'Hiver qui s'avance.
L'HIVER.
He bien aurai-je une femme, Comus?
Eft-elle jeune? éft-elle bello?
De bonne humeur? me plaira-t'elle?
COMUS.
Jufques ici mes foins ont été fuperflus,
Un galant de votre âge eft de dure défaite
S'il ne prend pas une coquette.
L'HIVER.
Va, mon cher Intendant, ne te tourmente plus
J'ai moi-même fait choix d'une aimable Déefle;
En qui les graces, la gayeté,
L'efprit & la délicatefle,
Brillent autant que la beauté,
COMUS.
C'eft la Mode, fur ma parole.
L'HIVER.
Fi donc, Comus, c'eft une folle;
Et qui contre un Ruban troque un amant chéri.
COMUS.
Que feroit-ce d'un vieux mari?

Vous prenez donc la Médifance !

L'HIVER.

Oh ! non : de fa fincerité,
J'étois cependant enchanté ;
Mais de moi-même, en ma préfence ;
Elle m'a dit du mal.

COMUS.

Voyez quelle infolence !
Ah ! fi vous étiez fon Epoux ;
A caufe de la connoiffance,
Elle parleroit mieux de vous.
Enfin, vous choififfez la Danfe ?

L'HIVER.

Ne penfe pas railler, j'aime fes entrechats ;
Et je lui donnerois ma foi la préference ;
Mais de fa part je crains trop les faux pas.

COMUS.

He quelle eft donc cette aimable Déeffe ;
Dont votre cœur eft enchanté ?

L'HIVER.

Cher Comus, c'eft la Volupté.

COMUS.

Vous aimiez, difiez-vous, la Vertu fans rudeffe ;
Vous la trouvez en cette Déité.

L'HIVER.

Je l'aperçois, mon bonheur me l'adreffe.
Cours appeller l'Himen, & que le Bal s'empreffe
A celebrer mes feux & fa beauté.

SCENE X.

L'HIVER, LA VOLUPTE'.

L'HIVER.

VEnez, belle Divinité,
Pardevant l'Himen que j'appelle,
Mon cœur va vous jurer une ardeur immortelle.

LA VOLUPTE'.

Que parlez-vous d'Himen, Seigneur ? C'eſt me
trahir.
Voulez-vous déja me haïr ?
Le taliſman du mariage,
D'un Amant tendre, aimable, vif & doux,
Fait ſouvent un mari morne, avare, jaloux;
D'un galant, un brutal; d'un fidele, un volage.

L'HIVER.

D'un amant bel eſprit, peut-être un mari ſot.

LA VOLUPTE'.

Toûjours d'une beauté charmante, douce & ſage,
Complaiſante, attentive aux ſoins de ſon mena-
ge,
En un moment l'Himen fait, par un mot,
Une Guenon mauſſade, altiere, imperieuſe,
Une furie & coquette & joüeuſe.
Ce beau couple d'Amans, qui toujours ſe cher-
choient;

Que

Que les plaisirs l'un à l'autre attachoient :
Sont-ils époux, inceſſamment ſe fuyent ;
Et quand le ſort malin les raſſemble, ils s'en-
nuïent ;
On les voit dormir ou bâiller,
Et la diſcorde peut ſeule les réveiller.

L'HIVER.

'Appellons donc l'Amour. Oüi, conſtant, vif &
tendre . . . .

LA VOLUPTE'.

Jurez pour le préſent & non pour l'avenir,
Et faites des ſermens que vous puiſſiez tenir.
Souvent du premier coup un cœur ſe laiſſe pren-
dre ;
Il ne faut pour charmer qu'un regard languiſſant.
Tout engage, tout plaît dans un amour naiſſant ;
On croit toujours aimer, on le jure de même,
Et ſoi-même on ſe trompe en trompant ce qu'on
aime.

L'HIVER.

Rempliſſez mes déſirs, aimable Deïté ;
Et mon ardeur pour vous ſera toujours extrême.

LA VOLUPTE'.

Ne vous y trompez pas . . . je ſuis la Volupté,
Et Fille de la Liberté,
Mais non pas du libertinage.
Mon enjoüment & ma gayté ;
Et mon aimable badinage
Viennent de ma tranquilité.

L'Hiver.   E

L'HIVER.

Vous êtes Philosophe?

LA VOLUPTÉ.

Oh non : mais le vrai Sage,
Quand il touche au midi de l'âge ;
Trouve en moi sa felicité ;
Je suis la fougueuse jeunesse,
Ses soins impetueux & ses distractions ;
Je hais & la folie & l'austere sagesse :
J'ay des plaisirs & non des passions.
Libre de soins, libre d'inquiétude,
De craintes, de désirs,
De remords & de repentirs,
Dans une douce étude,
Je trouve d'innocens plaisirs ;
Sans en être plus précieuse.
Voilà la Volupté, Seigneur, telle qu'elle est,
Si son caractere vous plaît. . . . .

L'HIVER.

Non : vous êtes trop serieuse :
Pardonnez, je suis franc & peut-être brutal.

LA VOLUPTÉ.

Je ne vous en veux point de mal,
Tous ne sçavent pas me connoître.
Adieu je vois quelqu'un paroître :
Vous visez au terrestre, & je cours à l'esprit.

SCENE XI.

L'HIVER, COMUS.

COMUS.

SEigneur, l'Himen me fuit ; mais où fuit la
  Déeffe ?
  Déja quelque amoureux dépit ;
  A-t'il troublé votre tendreffe ?
  Quoi fi tôt vous querellez-vous ?
  Vous n'êtes pas encore époux.
L'HIVER.
Ni ne ferons jamais : je hais le verbiage ;
  Le Ciel garde toute maifon ,
D'une femme qui n'eft ni coquette , ni fage ;
Cette Déeffe eft folle à force de raifon.

SCENE XI.

L'HIVER, COMUS, L'HIMEN.

L'HIMEN.

VEnez , Dieu de l'Hiver . . où donc eft la
  future ?
L'HIVER.
Pardon , mon cher Himen , pardon.

COMUS.

Trop tard, mignon,
Il ne veut plus en courir l'avanture.

L'HIMEN.

Qu'est-ce à dire, pardon ? Se mocque-t'on de
moi ?

Non ; j'en jure par ma coëffure,
Et vous épouferez, ou vous direz pourquoi.

COMUS.

Point de courroux, je te conjure ;
Ami, reste à rire avec nous.

L'HIMEN *en colere.*

Vous m'insultez encor ? Que je reste avec vous ?
Prenez-vous l'Himen pour Mercure ?
Oh vous épouferez, je le veux, je l'entens...

COMUS *à l'Hiver.*

Ce n'est que pour trois mois.

L'HIVER.

Puisqu'il le faut, je prens....
Je prens,.....

L'HIMEN *brusquement.*

Achevez donc.

L'HIVER

Un peu de patience.

L'HIVER.

Je prens .... aide-moi donc. Comus ;

COMUS

Prenez la Danse ;

COMEDIE.

Elle vient à propos vers nous.

L'HIVER.

J'y confens, tout coup vaille.

SCENE DERNIERE

L'HIVER, L'HIMEN, COMUS
LA DANSE *amenée par un Prélude,*
suite de l'Himen.

L'HIMEN.

Approchez-vous, la Belle ;
Je vous donne en ce Dieu la perle des époux.

COMUS.

Ce n'est pas pour longtemps, tâchez d'être fidelle.

DIVERTISSEMENT.

Le Bal amene les Jeux, les Ris & les Graces

MARCHE.

AIR.

Venez plaisirs charmans & doux ;
Assemblez-vous troupe immortelle
Le Bal vous mene, & l'Hiver vous appelle.
Venez folatrer avec nous,

E iij

Que les Graces,
Sur vos traces,
Brillent toujours :
Des cœurs fondez les glaces,
Brûlans Amours,
Par la tendresse,
La froide vieillesse ,
Rajeunit sans cesse,
Et trouve encore de beaux jours.

On Danse.

AIR en duo.

L'Hiver pour nous n'a rien d'épouventable ;
Ce n'est point un vieillard triste, morne, grondeur,
Cassé, transi , trembleur ;
Il est riant, folâtre, aimable :
De l'Amour, il court à la table.
Amans , Buveurs, il est le pere des plaisirs ;
Chantez sa gloire ;
Amans, il sçait ranimer vos désirs,
Buveurs , il vous enseigne à boire.

On Danse.

VAUDEVILLE.

Quand un jeune Amant vif & tendre ,
A trouvé l'art de nous surprendre ;
L'Hiver n'éteint point nos feux ;
Quels aimables nœuds ,
Quel sort heureux !

COMEDIE.

Près de l'Epoux que l'Himenée,
 Unit à notre deftinée,
  Nous nous morfondons,
   Nous grelottons,
   Nous tremblons,
   Nous gelons,
Les quatre faifons de l'Année:

    ❦

Auprès d'un objet du bel âge,
Tant qu'on s'en tient au badinage,
  L'amour répond à nos vœux:
   Quels aimables nœuds,
   Quel fort heureux !
Mais quand par un deftin contraire,
L'Himen fe mêle de l'affaire,
  Nous nous morfondons, &c.
L'amour fuit toujours le Notaire.

    ❦

Quand un Marquis dans notre bourfe
A deffein de faire reffource,
  Qu'il eft doux, poli, preffant,
   Flateur, careffant,
   Et féduifant !
Doit-il rendre ? pendant Septembre,
Octobre, Novembre, Décembre,
  Nous nous morfondons,
  Nous grelottons, &c.
A la porte de l'Antichambre:

    ❦

Auprès d'un objet agréable,
En commençant tout est aimable,
L'amour répond à nos vœux ;
L'ardeur de nos feux
Nous rend heureux.
Mais après deux jours on s'ennuie :
Aux genoux de notre Silvie,
Nous nous morfondons, &c.
Et l'Amour fausse compagnie.

✺

Quand une plaideuse est gentille,
Ou que dans sa main l'argent brille,
Elle gagne son procès,
Tous les interêts,
Dépens & frais ;
Mais n'avons-nous plus de quoi plaire,
Ni d'argent pour aider l'affaire,
Nous nous, &c.
A la porte du Secretaire.

✺

Messieurs quand notre Comedie
Vous plaît & vous paroît jolie ;
Quand vous vous divertissez,
Vous applaudissez,
Vous revenez ;
Mais quand par un destin contraire
Elle a le malheur de plaire,

39

www.ingramcontent.com/pod-product-compliance
Lightning Source LLC
LaVergne TN
LVHW022144080426
835511LV00007B/1242